THOMAS YEATES

Band 88 der

Prinz Eisenherz

Werkausgabe

ORIGINALSEITEN 3915 BIS 3960

Entführt!

CARLSEN VERLAG

CARLSEN COMICS NEWS
Jeden Monat neu per E-Mail
www.carlsencomics.de
www.carlsen.de

CARLSEN COMICS
1 2 3 4   16 15 14 13
© Carlsen Verlag GmbH · Hamburg 2013
Aus dem Amerikanischen von Wolfgang J. Fuchs
PRINCE VALIANT (pages 3915 – 3960)
Copyright © 2012 by King Features Syndicate, distr. by Bulls
Redaktion: Annika Damm und Ralf Keiser
Lettering: Björn Liebchen
Herstellung: Bettina Oguamanam
Druck und buchbinderische Verarbeitung:
Schipplick & Winkler Printmedien, Lübeck
Alle deutschen Rechte vorbehalten
ISBN 978-3-551-71588-3
Printed in Germany

DER GOLEM IST VERNICHTET, ST. GEORG IST VERSCHWUNDEN UND OOM FOOYAT MUSS SICH FÜR SEINEN GEISTIGEN DIEBSTAHL VERANTWORTEN.

EISENHERZ LÄCHELT DER WEHMÜTIGEN ALETA ZU: *"DEIN ST. GEORG IST HEIMGEKEHRT UND ALLES IST GUT – UND ICH SPÜRE EINE FRISCHE BRISE KOMMEN..."*

„HAST DU EINE AHNUNG, WAS UNS BEVORSTEHT, MEIN GEMAHL?", FRAGT ALETA. „GEWISS", WIRFT GAWAIN EIN. „ALLES ÄNDERT SICH UND DOCH BLEIBT ALLES GLEICH! ES WIRD NEUE ABENTEUER GEBEN, DOCH ICH ARBEITE BEREITS AN EINEM EPISCHEN GEDICHT, DAS DIE HELDEN VON HEUTE VEREWIGEN WIRD, UND MIT IHNEN DIE RIESEN, AUF DIE SIE TRAFEN UND DIE SIE SO GLORREICH BESIEGTEN.'" UND DANN MACHEN SICH DIE DREI AUF DEN LANGEN HEIMWEG NACH CAMELOT.

AUSSERGEWÖHNLICHES GESCHIEHT: LADY GRUNYARD AUS DEM FERNEN NORDÖSTLICHEN WINKEL VON ARTHURS KÖNIGREICH KOMMT ERSTMALS ZU BESUCH NACH CAMELOT. KLATSCH UND WILDE SPEKULATIONEN SIND IHR UND IHREM GEFOLGE VORAUSGEEILT. AUGENSCHEINLICH WILL SIE IHREN GATTEN SEHEN.

DIE DAMEN VON CAMELOT SIND GANZ AUFGEREGT OB DER AUSSICHT, EINE NEUE, GEHEIMNISUMWITTERTE BEKANNTSCHAFT ZU MACHEN...

... INSBESONDERE DESHALB, WEIL LORD GRUNYARD SEIT FAST EINEM JAHRZEHNT AUF CAMELOT LEBT UND ALS VERSIERTER TRUNKENBOLD UND LEBEMANN BEKANNT IST...

... UND, WIE ES DER ZUFALL WILL, GERADE IM BEISEIN VON EISENHERZ UND GAWAIN SEIN LEBEN GENIESST. *„ICH BIN GEKOMMEN, UM MEINEN FEHLGELEITETEN GEMAHL ZU HOLEN"*, SAGT EINE GRIMMIGE LADY GRUNYARD ZU ALETA. *„SEIN LEHNSGUT BRAUCHT IHN."*

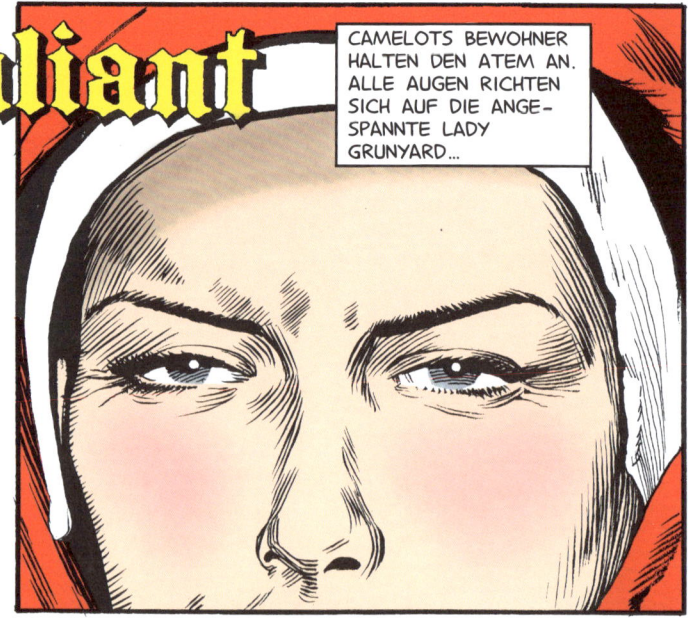

DIE FALSCHE LADY GRUNYARD HAT DEN VERWIRRTEN LORD GRUNYARD IN EINER REIBUNGSLOSEN AKTION ENTFÜHRT...

... DIREKT VOR DEN AUGEN DES WIE VOM DONNER GERÜHRTEN PRINZEN EISENHERZ! DIE SCHURKEN MACHEN SICH RASCH ANS WERK, UM EINE VERFOLGUNG ZU VERZÖGERN.

DANN STÜRMEN SIE DURCH DEN HOF, WO DER RESTLICHE TEIL DES GEFOLGES SIE SCHON ERWARTET. DIE BERITTENEN BOGENSCHÜTZEN FEUERN EINE SALVE PRÄZISE GEZIELTER PFEILE AB, DANN PRESCHEN SIE DAVON...

... NOCH EHE DAS FALLGITTER HERABGELASSEN ODER PFEILE AUF SIE ABGESCHOSSEN WERDEN KÖNNEN. EISENHERZ DENKT SICH, DASS DIESE DREISTEN SCHURKEN NICHTS DEM ZUFALL ÜBERLASSEN HABEN.

... BIS SIE IN DER ABENDDÄMMERUNG ABSEITS DER STRASSE ZU EINEM SCHUPPEN GEBRACHT WERDEN.

EISENHERZ UND GAWAIN HABEN SICH IN EINEM HEUWAGEN VERSTECKT, UNBEMERKT VON DEM MANN, DER IHN ZIEHT. SIE BLICKEN DURCH DIE HALME AUF DIE FELDER RINGSUM.

IM SCHUPPEN BLICKT SICH DER WAGENFÜHRER, DEN EISENHERZ UND GAWAIN ALS EINEN DER ENTFÜHRER LORD GRUNYARDS ERKANNT HABEN, VORSICHTIG UM, EHE ER IN DER HINTEREN WAND EINE GEHEIMTÜR ÖFFNET...

... UND SICH AUF EINEM VERSCHLUNGENEN PFAD WEITERBEWEGT, DER IM DICHTEN DICKICHT HINTER DEM SCHUPPEN VERBORGEN IST. *"DIESE SCHURKEN SIND RAFFINIERT!"*, DENKT EISENHERZ BEWUNDERND.

SCHLIESSLICH ERREICHEN SIE EIN LAGER IM WALD, DAS SPÄRLICH VON NÄCHTLICHEN FEUERN ERHELLT WIRD. EISENHERZ UND GAWAIN HÖREN EINE SELTSAM VERTRAUTE FRAUENSTIMME BEFEHLEN: *"LADET DEN KARREN GLEICH AB! DIE PFERDE SIND HUNGRIG!"* EISENHERZ ZUCKT ZUSAMMEN. ER HATTE DAMIT GERECHNET, DASS SIE MEHR ZEIT HABEN WÜRDEN, UM IHR VERSTECK ZU VERLASSEN!

UNTER HEU VERSTECKT SIND PRINZ EISENHERZ UND GAWAIN INS LAGER DER ENTFÜHRER VON LORD GRUNYARD VORGEDRUNGEN. SIE HATTEN NICHT ERWARTET, DASS DER KARREN SOGLEICH ABGELADEN WIRD. 3940

BLEIBT ALS EINZIGE MÖGLICHKEIT, SICH ZU ZEIGEN. GAWAIN KNURRT: „DENK BITTE DARAN, DASS MIR DIESER PLAN VON ANFANG AN MISSFALLEN HAT."

DIE ENTFÜHRERIN, DIE SICH ALS LADY GRUNYARD AUSGEGEBEN HATTE, IST AUCH NICHT ERFREUT. „PFUI! DAS SIND DIE BEIDEN TÖRICHTEN RITTER, DIE UNSER VORHABEN IN CAMELOT FAST BLUTIG ZUM SCHEITERN GEBRACHT HÄTTEN! WARUM MISCHEN DIE SICH IMMER NOCH EIN?"

DIE RITTER ANTWORTEN NICHT. SIE SIND VON EINER RÄUBERBANDE UMRINGT, DIE, WIE SIE WISSEN, AUS DISZIPLINIERTEN KÄMPFERN BESTEHT. ES GIBT KAUM AUSSICHT AUF ERFOLG, ABER KAMPFLOS WOLLEN SIE SICH NICHT ERGEBEN.

DOCH DANN HÖRT EISENHERZ, WIE DIE LADY, DIE OFFENSICHTLICH DIE ANFÜHRERIN IST, BEFIEHLT: „NEHMT DIE VERFLIXTEN NARREN FEST UND SEHT ZU, DASS SIE NICHT SCHWER VERLETZT WERDEN!"

EISENHERZ IST VERBLÜFFT.

Hal Foster's Prince Valiant
BY SCHULTZ AND YEATES

VON RHODA ROTKAPPES REBELLEN GEFANGEN UND IM WISSEN UM IHREN PLAN, LORD GRUNYARD ALS STROHMANN AUF DEN THRON VON LOCKBRAMBLE ZU SETZEN...

... ERWARTEN PRINZ EISENHERZ UND GAWAIN IHR SCHICKSAL. PLÖTZLICH SCHLEICHT EINE GROSSE, STUMME GESTALT MIT EINEM LANGEN, SCHIMMERNDEN MESSER HEREIN...

... SCHNEIDET IHRE FESSELN DURCH UND BEDEUTET IHNEN, STILL ZU BLEIBEN! IM HALBDUNKEL ERKENNT EISENHERZ RHODAS ZWEITEN MANN, DEN SIE KLEINOCHS NENNT.

DER REBELL ÜBERREICHT DEN BEFREITEN RITTERN IHRE WAFFEN UND FLÜSTERT: „JETZT SCHLAGT MICH NIEDER UND FESSELT MICH. ES MUSS ÜBERZEUGEND AUSSEHEN! DANN GEHT UND VERGESST NICHT, WAS IHR HIER ERFAHREN HABT!"

©2012 King Features Syndicate, Inc.

SIE FOLGEN DEM PLAN VON KLEINOCHS UND WOLLEN GERADE IM WALD VERSCHWINDEN, ALS GAWAIN EISENHERZ ANHÄLT: „WEISST DU, ICH HABE NICHTS GEGEN EINE GLATTE FLUCHT, MEIN FREUND, ABER DIESE FRAU GEHT MIR UNTER DIE HAUT. ICH KANN JETZT NICHT EINFACH VERSCHWINDEN."

„ICH WERDE IHR HELFEN."

Hal Foster's Prince Valiant
BY SCHULTZ AND YEATES

Völlig überraschend von Kleinochs, Rhodas rechter Hand, befreit, besteht Gawain darauf, der Rebellin zu helfen, in die er sich verguckt hat. Eisenherz ist etwas vorsichtiger. Daher schmieden die beiden einen Kompromissplan.

Insgeheim erklimmen sie einen starken Ast über ihrem ehemaligen Gefängnis. Dann stört Eisenherz die nächtliche Stille mit dem Ruf: *„Die Gefangenen sind entkommen! Die Gefangenen sind entkommen!"*

©2012 King Features Syndicate, Inc.

Wie von den Rittern erwartet, bricht im Lager Chaos aus. Rhoda ordnet an, dass ihre Männer den Wald durchkämmen sollen, während sie zum Gefängnis geht, in dem sie, wie erwartet, Kleinochs gefesselt vorfinden wird...

Doch sie erreicht das Gefängnis erst gar nicht.

Ehe sie um Hilfe schreien kann, hält ihr eine Hand den Mund zu. *„Ich konnte euch nicht einfach verlassen!"*, flüstert Gawain.

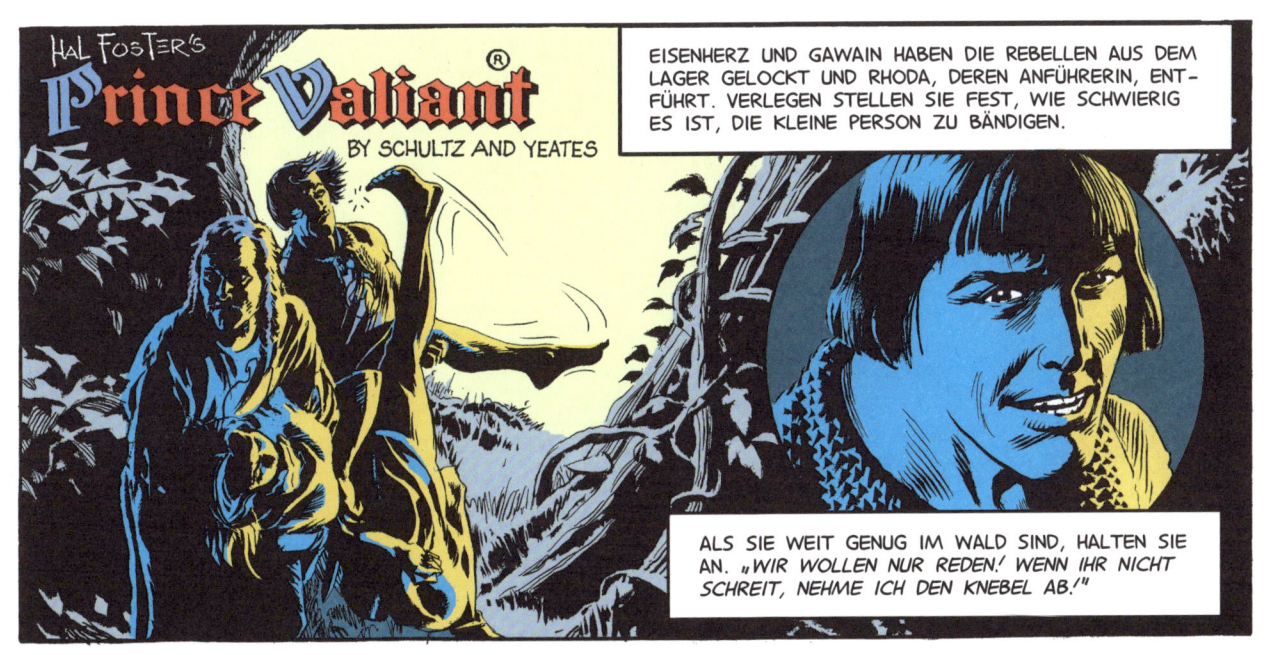

Hal Foster's Prince Valiant
BY SCHULTZ AND YEATES

EISENHERZ UND GAWAIN HABEN DIE REBELLEN AUS DEM LAGER GELOCKT UND RHODA, DEREN ANFÜHRERIN, ENTFÜHRT. VERLEGEN STELLEN SIE FEST, WIE SCHWIERIG ES IST, DIE KLEINE PERSON ZU BÄNDIGEN.

ALS SIE WEIT GENUG IM WALD SIND, HALTEN SIE AN. „WIR WOLLEN NUR REDEN! WENN IHR NICHT SCHREIT, NEHME ICH DEN KNEBEL AB."

DIE REBELLENFÜHRERIN NICKT ZUSTIMMEND. EISENHERZ BEGINNT: „WIR WISSEN, DASS IHR ES WART, DIE UNS BEFREIEN LIESSET! SIR GAWAIN IST ÜBERAUS DANKBAR UND FINDET, WIR SOLLTEN EUCH HELFEN!"

©2012 King Features Syndicate, Inc.

GAWAIN ERGÄNZT: „SIR ROGER HÄLT EINEN WETTBEWERB IM BOGENSCHIESSEN AB. WENN EINER EURER BOGENSCHÜTZEN, LIEBE RORY, GUT GENUG IST, IHM VOR SEINEN LEUTEN SCHANDE ZU MACHEN, KÖNNTEN WIR IHN ZUM AUFGEBEN ZWINGEN..."

„ICH HEISSE RHODA UND ICH KÖNNTE DIESEN ANGEBER SELBST BESIEGEN. ABER ER WÜRDE MICH AUF DER STELLE TÖTEN LASSEN!"

„NICHT, WENN IHR ALS SIR GAWAINS SCHÜTZLING RORY VERKLEIDET WÄRT!"

RHODA DENKT ÜBER DAS ANGEBOT NACH.

3951

Yeates 10/28/12

Prince Valiant

HAL FOSTER'S

BY SCHULTZ AND YEATES

3952

RHODA ROTKAPPE UND IHRE REBELLEN WURDEN DAVON ÜBERZEUGT, DASS ES NUR MÖGLICH IST, ROGER RUNETYNES ZERSTÖRERISCHE HERRSCHAFT ZU BEENDEN, WENN SIE EISENHERZ UND GAWAIN VERTRAUEN. EIN PLAN WIRD AUSGEHECKT...

DANACH BRECHEN DIE RITTER AUF, UM DEN NÄCHSTEN SCHRITT VORZUBEREITEN. NAHE BURG GRUNYARD HALTEN SIE BEI EINER TAVERNE AN, UM NEUIGKEITEN ZU ERFAHREN UND ÜBER DEN BEVORSTEHENDEN WETTBEWERB ZU REDEN...

AUCH BECHERN DIE BEIDEN GEHÖRIG. DER WIRT STAUNT UND IST ZUGLEICH ENTSETZT. ES KANN NICHTS GUTES BEDEUTEN, WENN ADELIGE IMMER TIEFER INS GLAS SCHAUEN!

DOCH DER WAHNSINN HAT, WIE ERWARTET, METHODE. DIE BEIDEN GEFÄHRTEN WERDEN VOR DEM BURGTOR VON ROGERS HAUPTMANN, BARMUS DRAMFELL, AUFGEHALTEN. ER WILL SIE OB IHRES PLÖTZLICHEN VERSCHWINDENS BEFRAGEN. ABER IHR ANBLICK UND IHR GERUCH VERRATEN IHM ALLES, WAS ER WISSEN MUSS.

YEATES 11/4/12

HAL FOSTER'S
Prince Valiant®
PRINZ EISENHERZ UND GAWAIN SPIELEN VORTREFFLICH DIE BETRUNKENEN, ALS SIE ZU SIR ROGER GEFÜHRT WERDEN. „WIR BEDAUERN, FALLS UNSER – VERSCHWINDEN – EUCH SORGE BEREIT'T HAT, S'ROGER", LALLT EISENHERZ. „ABER WIR WAR'N DAMIT B'SCHÄFTIGT, DIE ÖRTLICHEN GASTHÄUSER – ZU UNT'SUCHEN. UN' ICH KANN EUCH SAG'N..."
BY SCHULTZ AND YEATES
3953
„GENUG!", FAUCHT ROGER. „IHR SEID EKELHAFT. VON CAMELOTS RITTERN HÄTTE ICH MEHR ERWARTET." INSGEHEIM IST LOCKBRAMBLES VERWALTER ABER NUR ZU FROH, ALS ER SIEHT, DASS DIE BEIDEN AUSSENSTEHENDEN KEINE WIRKLICHE BEDROHUNG FÜR SEINE GESCHÄFTE SIND.
© KFS/Distr Bulls
ABER DANN TRUMPFT GAWAIN AUF: „ACH JA, NOCH WAS, EU'R LORDSCHAFF. WIR HAB'N VOM BOGENSCHIESSWEBBEWERB GEHÖRT UN' MÖCHT'N MITMACH'N..."
ROGER WIRD BLASS. ER ERINNERT SICH, WIE ZIELSICHER GAWAIN IST. ABER DANN FÄHRT DER RITTER FORT: „AH NEIN, KEIN RITTER AUS CAMELOT! DAS WÄR' JA UNFAIR..."
„WIR WOLL'N JEMAND AUS DEM ORT ANTRET'N LASSEN. 'NEN BEKANNT'N VON LORD GRUNYARD." ALS DIE BEIDEN GEHEN, IST ROGER ERLEICHTERT, ABER AUCH MISSTRAUISCH.
YEATES 11/11/12

EISENHERZ UND GAWAIN GRATULIEREN SICH, SIR ROGER ÜBERZEUGT ZU HABEN, DASS SIE ALS SÄUFER KEINE BEDROHUNG FÜR IHN SIND...

... WÄHREND IN WAHRHEIT IHR PLAN, IHN ALS VERWALTER ABZUSETZEN, IM GANG IST. EISENHERZ SCHICKT EINEN ZWISCHENBERICHT AB.

DER GEFIEDERTE KURIER LANDET AM VORBESTIMMTEN ORT AUSSERHALB DER BURGMAUERN, WO IHN EIN WARTENDER REBELL SOGLEICH MITNIMMT...

... UND SCHON BALD RHODA ROTKAPPE ÜBERGIBT, WELCHE DIE NACHRICHT ENTSCHLÜSSELT, DIE IN DEN SCHAFT GEKERBT IST. ALLES VERLÄUFT NACH PLAN...

SIE BEMÜHT SICH AUFRICHTIG, DEN PLAN LORD GRUNYARD ZU ERKLÄREN. ZWAR HATTE SIE GEHOFFT, DAMIT WÜRDE SIE IHR GEWISSEN BERUHIGEN, ABER SIE EMPFINDET NUR TRAUER DARÜBER, DASS IHR RECHTMÄSSIGER LORD SICH WEITERHIN UM SEINE VERANTWORTUNG DRÜCKT.

NUN GUT. SO SEI ES.

Prince Valiant

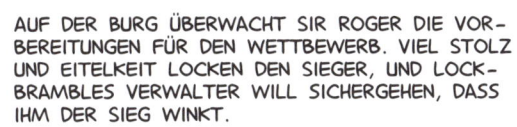

Hal Foster's — by Schultz and Yeates

Unter den wachsamen Augen des despotischen Verwalters Sir Roger haben Eisenherz und Gawain von Burg Grunyard aus Rhoda Rotkappe signalisieren können, dass alles planmässig verläuft. Daher wollen sie und ihre Rebellen sich bei Rogers Wettbewerb im Bogenschiessen unter das Volk mischen.

Auf der Burg überwacht Sir Roger die Vorbereitungen für den Wettbewerb. Viel Stolz und Eitelkeit locken den Sieger, und Lockbrambles Verwalter will sichergehen, dass ihm der Sieg winkt.

Als der Tag des Wettbewerbs naht, kommen niederer Adel und freie Männer aus benachbarten Lehensgebieten nach Lockbramble geströmt. Eisenherz und Gawain stehen bereit, jemand bestimmtes zu erwarten.

Sie wissen, dass sie von Rogers misstrauischen Wachen beobachtet werden. Ihr Schützling, der an ihrer Stelle kämpfen soll, kommt die Strasse herauf. Er trägt das Fell eines Rotfuchses auf dem Kopf.

Yeates 11/25/12 — 3955

* ALLEN FREIEN MÄNNERN KUND UND ZU WISSEN: SIR ROGER VERANSTALTET EINEN WETTBEWERB IM BOGENSCHIESSEN. TEILNEHMEN...

DER GEHEIMNISVOLLE BOGENSCHÜTZE VON EISENHERZ UND GAWAIN KOMMT NACH BURG GRUNYARD. ER SIEHT NICHT BESONDERS AUS, WAS DIE RITTER NICHT ZU STÖREN SCHEINT. SIE GELEITEN DEN ALTEN ZUM REGISTRAR DES WETTBEWERBS: „WIR RITTER VON CAMELOT TRAGEN DEN GROSSEN JÄGER RORY TALIESIN ALS UNSEREN BOGENSCHÜTZEN EIN..."

„RORY WAR EIN FREUND VON LORD GRUNYARD, EHE SIR ROGER IN SEINER WEISHEIT DIE SPIELE VON LOCKBRAMBLE FÜR ALLE AUSSER ROGER UND SEINE AUSERWÄHLTEN LIMITIERTE." EISENHERZ ZUCKT ZUSAMMEN, WEIL ER FINDET, DASS GAWAIN DOCH ETWAS DICK AUFTRÄGT.

©2012 King Features Syndicate, Inc.

DOCH DER SEITENHIEB GEGEN SIR ROGER SCHEINT NIEMAND AUFZUFALLEN. RORY IST BALD EINGETRAGENER TEILNEHMER AM WETTBEWERB DES VERWALTERS UND SIE KÖNNEN GEHEN. „UND WO, MEINE PATEN, SOLL ICH HEUTE NACHT SCHLAFEN?", FRAGT RORY IN EINER MERKWÜRDIG HOHEN STIMME.

„ACH, NATÜRLICH BEI UNS!", FLÖTET GAWAIN. „ALLES ANDERE WÄRE BEI ROGERS MISSTRAUEN UNSICHER!"

RORY IST GAWAINS VERHALTEN NICHT GANZ GEHEUER: „GLAUBT BLOSS NICHT, IHR KÖNNT DIE SITUATION BEI EINEM ‚ALTEN MANN' AUSNUTZEN!"

Hal Foster's Prince Valiant

BY SCHULTZ AND YEATES

AM TAG VOR SIR ROGERS WETTBEWERB IM BOGENSCHIESSEN BEKOMMEN EISENHERZ UND GAWAIN BEDENKEN WEGEN IHRES SCHÜTZLINGS. WAS WISSEN SIE SCHON VON RORYS FÄHIGKEITEN, IM WETTSTREIT MIT DEN BESTEN BOGENSCHÜTZEN ENGLANDS?

„WIE WOLLT IHR DIE VORRUNDEN ÜBERSTEHEN?", FRAGT EISENHERZ. RORY BLICKT IHN MIT SÄUERLICHER MIENE AN UND DEUTET DANN AUF EINE ÜBUNGSZIELSCHEIBE: „GEBT DARAUF EUREN BESTEN SCHUSS AB.!"

EISENHERZ TUT, WAS RORY SAGT, UND HÄLT SICH WACKER. „EIN GUTER SCHUSS.!", SAGT RORY. „UND JETZT ZEIGE ICH EUCH MEINE STRATEGIE.!"

©2012 King Features Syndicate, Inc.

3957

DER ALTE ZIELT LÄSSIG UND ÜBERTRIFFT EISENHERZ UM WENIGE MILLIMETER. DANN ERKLÄRT RORY: „MIT DER METHODE HABE ICH VOR, WEITERZUKOMMEN.!"

„ICH WERDE IMMER NUR EIN GANZ KLEIN WENIG BESSER SEIN ALS MEIN GEGNER, UM KEINE AUFMERKSAMKEIT ZU ERREGEN, BIS ICH GEGEN SIR ROGER ANTRETE."

YEATES 12/9/12

Hal Foster's Prince Valiant
BY SCHULTZ AND YEATES

Endlich ist der Tag von Sir Rogers Wettbewerb im Bogenschiessen gekommen. Vorbei an Lockbrambles brachliegenden Feldern mit verdorrtem Tee sind sie gekommen...

... all die Bogenschützen und Zuschauer aus nah und fern, unter dem Vorwand, sie würden nun sehen, wer der beste Schütze ist...

... obwohl sie wissen, es gibt praktisch keine Chance, dass Sir Roger nicht wieder – wie bei den letzten vier Wettbewerben – diese Ehre zuteil wird. Der gastgebende Burgherr nutzt immer seinen Heimvorteil.

Nur die unterdrückten Bewohner von Lockbramble selbst scheinen unfähig, sich etwas vorzumachen, als sie in die herrlich dekorierte Wettkampfstätte stapfen, die sie sonst nie zu sehen bekommen würden.

Yeates 12/16/12

© 2012 King Features Syndicate, Inc.

3958

46

Hal Foster's Prince Valiant

BY SCHULTZ AND YEATES

ENDLICH BEGINNT SIR ROGERS WETTKAMPF IM BOGENSCHIESSEN. DER SCHÜTZLING VON EISENHERZ UND GAWAIN, DER GEHEIMNISVOLLE RORY TALIESIN, KOMMT SICHER, WENNGLEICH UNSPEKTAKULÄR DURCH DIE VORRUNDEN...

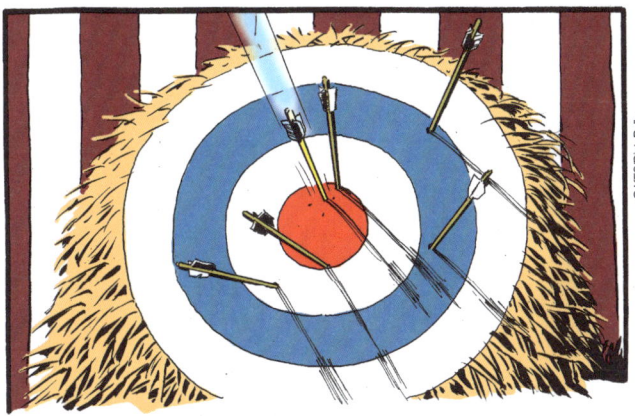

... INDEM ER IMMER EINEN HAUCH BESSER IST ALS DER GEGNER. EIN NÜCHTERNER BETRACHTER WÜRDE SAGEN, DASS DAS GLÜCK DEM SCHWÄCHLICH AUSSEHENDEN SCHÜTZEN BEISTEHT. ABER ES VERLÄUFT ALLES GENAU SO, WIE RORY ES EISENHERZ UND GAWAIN BESCHRIEBEN HAT.

INZWISCHEN KOMMT SIR ROGER ZU NIEMANDES ÜBERRASCHUNG RUNDE UM RUNDE WEITER. DER VERWALTER IST ZWAR EIN EXZELLENTER BOGENSCHÜTZE, ABER AUCH EINSCHÜCHTERUNG UND EINIGE FRAGWÜRDIGE ENTSCHEIDUNGEN DER PREISRICHTER HELFEN SEINER SACHE.

©2012 King Features Syndicate, Inc.

AM RANDE HILFT EIN MANN NAMENS KLEINOCHS, ZIELSCHEIBEN AUFZUSTELLEN, WÄHREND ER DEN FORTGANG DES WETTBEWERBS GENAU BEOBACHTET. ES ERMUTIGT IHN, DASS DIE ZUSCHAUER DER ERFOLG DES UNBEKANNTEN BOGENSCHÜTZEN RORY IMMER MEHR BEGEISTERT.

3959

Prince Valiant

BY SCHULTZ AND YEATES

HAL FOSTER'S

DEN LANGEN TAG UND ZAHLLOSE VORRUNDEN HINDURCH KOMMT RORY IM WETTBEWERB WEITER, BIS SCHLIESSLICH, WIE SORGFÄLTIG GEPLANT, NUR NOCH DER ALTE BOGENSCHÜTZE UND SIR ROGER RUNETYNE IM RENNEN SIND.

©2012 King Features Syndicate, Inc.

ES ERFREUT ROGER NICHT, DASS SEIN LETZTER GEGNER UM DEN SIEGESPREIS DER SCHÜTZLING VON PRINZ EISENHERZ UND GAWAIN IST. DAS KANN NICHT NUR ZUFALL SEIN, UND DAS MACHT IHM SORGE.

„ICH BIN MIR NICHT SICHER, OB ES EIN UNBEKANNTER VERDIENT, GEGEN MICH ANZUTRETEN", RUFT ER. BEI DIESEN WORTEN BRECHEN DIE VERSAMMELTEN BAUERN IN GELÄCHTER UND SCHMÄHRUFE AUS. ROGER HAT PLÖTZLICH DAS GEFÜHL, EIN WENIG DIE KONTROLLE ZU VERLIEREN.

VOR DER ERREGTEN MENGE TUT KLEINOCHS DAS SEINE, UM DIE MENGE AUFZUSTACHELN. DIE UNTERDRÜCKTEN BAUERN BRAUCHEN KAUM ERMUNTERUNG...

... DENN ES SIEHT AUS, ALS HABE RORY IHRE GUNST ERRUNGEN. DER SCHÜTZLING VON EISENHERZ UND GAWAIN WIRD AUCH ZU DEM IHREN!

AUF ZUM FINALE!

YEATES 12/30/12